Couvertures supérieure et inférieure
manquantes.

# CÉRÉMONIES

ET

## PRIÈRES

### POUR LA BÉNÉDICTION D'UN ABBÉ.

# CÉRÉMONIES

## ET

## PRIÈRES

POUR

## LA BÉNÉDICTION D'UN ABBÉ

A L'OCCASION

DE

du premier Abbé de N.-D. des Dombes

diocèse de Belley.

**VALENCE**

IMPRIMERIE JULES CÉAS ET FILS

—

**1866**

# AVANT-PROPOS.

Dans le courant de janvier 1859, Monseigneur de Langalerie, évêque de Belley, visitait l'abbaye d'Aiguebelle et proposait au révérend père Abbé de ce monastère une fondation de Trappistes dans son diocèse. Les Dombes étaient le lieu choisi pour cet établissement. Mais, comme le consentement du Chapitre Général était nécessaire pour l'acceptation d'un semblable projet, le digne Prélat adressa à la vénérable assemblée qui se réunit le 12 septembre de la même année, à la Grande-Trappe, un mémoire dans lequel il exposait sa demande, les motifs sur lesquels il s'appuyait et les ressources que la divine Providence avait placées sous sa main pour arriver à une prompte et heureuse exécution. La requête fut favorablement accueillie et Aiguebelle chargée de fournir les religieux qui devaient peupler cette nouvelle solitude.

La première pierre de l'édifice ne put être posée que le 9 mars 1861 par Monseigneur l'Evêque de Belley, et le 4 octobre 1863, dimanche du saint Rosaire, les religieux arrivaient déjà au Plantay et prenaient solennellement possession du monastère qui désormais sera appelé Notre-Dame des Dombes.

Les épreuves qui sont le cachet des œuvres de

Dieu ne manquent point à la fondation naissante, mais la plus terrible de toutes est sans contredit le retour périodique de la fièvre paludéenne, qui, grâces à Dieu, diminue chaque année d'intensité et finira par disparaître entièrement avec le dessèchement des étangs. Cependant, malgré cet obstacle, des améliorations nombreuses et importantes ont été opérées, et, après deux années d'existence à peine, le monastère des Dombes réunissait dans le personnel accru et l'espérance fondée d'un avenir stable toutes les conditions exigées par les constitutions de l'Ordre pour l'érection d'une abbaye.

En conséquence, le Chapitre Général, dans sa séance du 15 septembre 1865, accordait l'autorisation qui lui était demandée à la fois par Monseigneur l'Evêque de Belley, le révérend père Abbé d'Aiguebelle, père immédiat et par la communauté ; et le 22 décembre le Saint Siége rendait un rescrit qui *donnait au très éminent Evêque de Belley la faculté d'ériger en abbaye le prieuré des Dombes, avec toutes les prérogatives dont les abbayes de la Trappe jouissent en France* ; ce que Sa Grandeur exécuta par son ordonnance du 27 janvier.

L'élection du nouvel Abbé eut lieu en séance capitulaire le 24 février, sous la présidence de R. P. Dom Gabriel, abbé d'Aiguebelle ; et le R. P. Dom Augustin, prieur titulaire de N.-D. des Dombes, ayant réuni l'unanimité des suffrages, fut déclaré vraiment et canoniquement élu Abbé du susdit monastère.

Un mois après, arrivèrent les lettres de confirmation, délivrées, au nom du Souverain-Pontife, par Dom Théobald Césari, abbé de Saint-Bernard aux Thermes et président général du saint Ordre de Cîteaux. Toutes les formalités étaient remplies, la bénédiction de l'Abbé fut fixée au 9 avril suivant, fête de l'Annonciation de la Très Sainte Vierge; heureuse coïncidence, car, ce fut en cette même solennité que les premiers religieux d'Aiguebelle, en 1045, prenaient possession d'une abbaye destinée à produire pendant de si longs siècles des fruits abondants de salut.

Nous n'avons voulu, dans ce rapide aperçu, que donner des dates et marquer les principales phases de cette jeune fondation. Ceux qui désireraient des détails circonstanciés et palpitants d'intérêt, les trouveront dans la Notice placée à la fin du savant ouvrage de M. l'abbé Martin, LES MOINES ET LEUR INFLUENCE SOCIALE DANS LE PASSÉ ET DANS L'AVENIR.

# DE LA DIGNITÉ ABBATIALE ET DES INSIGNES ÉPISCOPAUX.

Les commentateurs sont d'accord sur ce point que le mot Abbé est un mot d'origine hébraïque, lequel signifie *Père*. Il exprime, du reste, dans sa concision, dit Tertullien, l'idée la plus juste que l'on puisse avoir du chef d'un monastère, qui doit unir en lui l'amour et la puissance d'un père pour chérir et corriger ses enfants. Aussi saint Benoît, au chap. 2 de son admirable règle, recommande-t-il à l'Abbé de ne jamais oublier qu'il doit justifier son nom par ses actes.

Dans le principe, les moines, étrangers au clergé, eurent à leur tête des chefs qui n'avaient point reçu les ordres sacrés; mais lorsque ces agrégations pieuses se régularisèrent, comme il était indispensable qu'il y eût dans le monastère un prêtre pour célébrer la messe et administrer les sacrements, les Abbés furent en général revêtus du sacerdoce, et plus tard la dignité sacerdotale fut rigoureusement exigée en eux par les saints canons.

Il n'est pas douteux qu'à l'origine des choses, les moines furent soumis à la juridiction des évêques, et qu'ils furent nommés par eux ; mais les avantages qui devaient découler du principe de l'élection directe firent établir par les Souverains Pontifes, et surtout par saint Grégoire le Grand, que celui-là serait abbé qui paraîtrait à ses frères du monastère le plus digne de les gouverner. C'était, du reste, développer et consacrer dans la pratique le principe établi en germe par saint Benoît, au chapitre 64 de sa règle.

On ne trouve, ni dans les anciens historiens, ni dans les règles monastiques, ni dans les monuments ecclésiastiques, traces de l'époque précise où la bénédiction des Abbés dut se faire pour la première fois avec la solennité dont nous allons voir se développer les pompes, et qui diffère peu de celle qui accompagne la consécration des évêques. Il y a lieu de croire cependant, avec les plus savants auteurs, que cet usage s'établit au temps où les Abbés, autorisés par les Souverains Pontifes à se servir des ornements pontificaux se trouvèrent par là, pour ainsi dire, élevés à une dignité presque épiscopale.

Nous nous servons avec intention de cette expression *presque épiscopale*, parce que, malgré les larges priviléges concédés successivement par le Saint-Siége aux chefs de nos plus puissantes abbayes, malgré les droits [de juridiction et d'exemption qui leur furent conférés, malgré les insignes épiscopaux dont ils purent user légalement, ils n'eurent jamais la plénitude du sacerdoce dont la consécration investit l'évêque. Aussi le pontifical romain, en parlant de la cérémonie qui va se dérouler sous nos yeux, l'appelle-t-il *bénédiction*, et non pas *consécration d'un Abbé*, différence qui s'exprime bien mieux encore dans la cérémonie elle-même par quelques variantes, et surtout par l'absence du *saint chrême* et des onctions qui se font avec la liqueur sacrée sur la personne des évêques. On comprendra dès lors aussi pourquoi les Abbés les plus privilégiés n'ont pu conférer l'ordre de la prêtrise, leur droit sur ce point s'arrêtant au diaconat inclusivement.

Presque tous les auteurs attribuent à Jean XIII, élu Pape en 965, la première autorisation donnée aux Abbés de revêtir les ornements pontificaux. A l'origine, les plus pieux personnages, d'accord sur ce point avec saint Bernard, engagèrent les chefs des abbayes à ne pas se laisser aller à la pente facile de la vanité, sous prétexte d'honorer leurs églises, et les commentateurs citent une éloquente lettre de Pierre de Blois, dans laquelle, s'adressant à Guillaume son frère, qui venait d'obtenir du Souverain Pontife la faveur alors si recherchée, il lui conseille, en termes dont notre langue ne saurait rendre l'énergique crudité, de renoncer aux insignes épiscopaux, ou bien de résigner son abbaye. Malgré cette rude opposition, puisée à la source des sentiments les plus honorables, les Papes crurent, par des motifs dont leur sagesse était juge, devoir étendre considérablement ces priviléges, qui devinrent, dès le XIIe siècle, un usage presque général. On vit alors, au sein de nos antiques monastères, les cérémonies religieuses recevoir, de l'éclat même qui s'attache à ces précieux insignes, une plus éclatante solennité, et le pouvoir spirituel et temporel des Abbés y puiser une force qui ne leur fut pas toujours inutile pour le bien.

Voyons maintenant en peu de mots quels sont ces insignes, et quel sens mystique l'Eglise y attache comme à tout ce qui se rapporte à son admirable organisation.

Ces BAS *(caligæ)* qui se fixent au-dessus du genou, ces SANDALES *(sandalia)*, dont les Canons exigent la décence et la richesse à raison de la sainteté de l'autel dont ils devront s'approcher, signifient les genoux débiles qui doivent être protégés contre leurs faiblesses naturelles : *genua debilia, id est negligentiis resoluta, roborari* ; la voie droite qui doit être suivie : *rectos gressus facere pedibus suis.*

L'AMICT *(amictus)*, que quelques savants croient être l'*éphod* de l'ancienne loi, est tissu du lin le plus fin ; emblème de la pureté, il couvre successivement la tête, qui contient la pensée tout entière dirigée vers Dieu ; le cou, par lequel se transmet la voix qui doit exprimer cette pensée à la gloire de Dieu ; enfin, comme il a semblé qu'à l'origine il dut entourer complètement la tête ainsi que d'un capuce (cela se pratique encore chez les membres de plusieurs ordres religieux, et notamment chez les Trappistes), on a été autorisé à croire que cette *couronne de pureté* était primitivement l'emblème de celle de N.-S. J.-C., le sacrificateur parfait dont le prêtre, dans le ministère de l'autel, est l'image sainte.

L'AUBE *(alba)*, emblème de la chasteté, est assurément le plus ancien des ornements sacrés, puisque, empruntée sans doute à l'ancienne loi, elle fut portée par saint Jacques, premier évêque de Jérusalem, et par les autres apôtres. C'était primitivement une robe de lin descendant jusqu'aux pieds. Elle dut être, à l'origine, étroite et sans ampleur ; mais elle reçut plus tard d'autres proportions que les auteurs expliquent ainsi. Sous l'ancien sacerdoce, disent-ils, ce vêtement était étroit, il est large sous le nouveau sacerdoce; c'est un emblème de la liberté que le Christ a conquise à ses enfants... *Illorum strictum, nostrum largum, propter libertatem qua Christus nos liberavit.*

L'aube fut fort souvent décorée de pierres précieuses et de brillantes broderies d'or, d'argent et de soie, représentant des sujets religieux tirés de l'Ecriture sainte, tels que l'Annonciation, la Visitation, la Nativité, l'Apparition des anges aux bergers. C'est ce que démontrent d'une façon irrécusable les monuments de l'art chrétien que nous ont transmis les premiers siècles.

La CEINTURE (*cingulum*) est destinée à relever l'aube, afin que la marche du prêtre ne soit pas gênée par ses plis tombant jusqu'aux pieds; mais elle a aussi sa signification, et de même que l'aube est l'emblème de la chasteté dont le prêtre doit être *comme enveloppé,* de même la ceinture est l'emblème de la *continence.*

A ceux qui savent les usages de l'antique société romaine, il nous suffira de rappeler la signification du mot *dissolutus,* pour justifier complètement l'heureux sens attribué par nos pieux auteurs à la ceinture sacerdotale.

L'ÉTOLE (*stola*) est un des emblèmes les plus saints. Elle signifie que celui qui en est revêtu s'est placé sous le *joug* du Seigneur. Ses extrémités, toujours *pendantes aux côtés* de l'Abbé, lui enseignent que sa droite et sa gauche doivent être constamment pourvues des armes du juste, afin que ni la prospérité ni l'adversité ne le puissent jamais surprendre.

La TUNICELLE (*tunicella*) est une tunique fort courte, à la différence de l'aube; elle signifie qu'un soldat du Christ doit être libre dans ses mouvements et toujours prêt au combat.

La DALMATIQUE (*dalmatica*), taillée en forme de croix, rappelle au pontife, avec le souvenir de la Passion du Sauveur, les vertus particulières dont il doit chercher le modèle dans J.-C. crucifié.

Les GANTS (*chirothecæ*), d'un usage très antique, deviennent dans les mains des évêques le symbole de la pureté et de la chasteté dans les œuvres : « *Ut manus, id est, operationes sint mundæ et ab omni sorde immunes.* »

L'ANNEAU *(annulus)*, orné d'une pierre dont la couleur elle-même est toujours symbolique, est un signe de foi ; c'est aussi un emblème de « la fidélité inviolable que le pontife doit garder à l'Épouse de Dieu, qui est la sainte Église. »

La CHASUBLE *(planeta seu casula)* fut à l'origine un large vêtement, d'une seule pièce, taillé en rond, ayant au milieu une ouverture pour donner passage à la tête, et se relevant sur les bras. Cette forme, et les larges plis qu'elle produisait sur une étoffe riche et souple, donnaient à ce vêtement un aspect majestueux que lui ont fait perdre la coupe et la roideur modernes, dont on semble heureusement s'éloigner aujourd'hui.

La chasuble signifie l'humilité, la charité et les vertus sacerdotales qui doivent couvrir et comme entourer le ministre des autels, pour que, puissamment défendu par elles contre l'ennemi du dehors, il offre dignement la Victime du salut.

La MITRE *(mitra)* fut en usage du temps des apôtres, sinon avec sa forme actuelle, du moins comme coiffure spéciale des évêques. Dès le règne d'Innocent III, ses deux extrémités signifiaient, comme l'indiquent aujourd'hui les prières du pontifical, les deux Testaments ; ses deux pointes, l'esprit et la lettre de la loi. La mitre est aussi autre chose qu'un ornement : c'est un casque de défense et de salut, c'est une armure de la tête du pontife qui doit combattre pour le Seigneur.

La CROIX PECTORALE *(crux pectoralis)*. Cette croix spéciale, dont se sert l'évêque quand il officie, renferme des reliques de saints. L'usage de la croix chez les fidèles, en général, remonte à la plus haute antiquité ; mais, comme insigne, elle dut, avant d'être adoptée par les évêques, être primitivement un privilége du Souverain-Pontife. Elle rappelait, selon Innocent III, cette plaque d'or, que le grand prêtre de l'ancienne loi avait seul le droit de porter ; et les quatre parties dont elle se compose, correspondaient exactement aux quatre livres que renfermait l'ornement frontal des pontifes d'Israël. Mais ce que le pontife de l'ancienne loi portait sur son front, le pontife de la loi nouvelle le porte sur sa poitrine, afin d'avoir sans cesse présent à ses yeux et à sa pensée le souvenir de la Passion du Sauveur.

Le MANIPULE (*manipulus*) paraît avoir été, dans l'origine, un linge destiné à essuyer le visage ; mais il est devenu par la suite l'emblème de la pureté de cœur et de corps dont celui qui s'approche des saints autels doit être orné... *Accipit manipulum ad extergendas sordes cordis et corporis, ut sine pollutione mentis et corporis valeat Deo servire.*

Des symbolistes accrédités disent que si l'évêque ne reçoit le manipule, insigne propre au sous-diaconat, qu'après le *Confiteor*, au moment de monter à l'autel, c'est pour lui donner une leçon d'humilité, à la vue de cet ornement d'un ordre inférieur dans la hiérarchie sacrée.

La CROSSE (*baculus*) est en effet le *bâton* pastoral, qui unit à l'idée d'autorité dont il est le symbole celle d'humilité et de douceur paternelle que le christianisme lui a imprimée. C'est incontestablement un des plus anciens insignes de l'épiscopat ; à l'origine, il dut être de bois (*cupressinus*) ; mais on y employa plus tard l'or, l'ivoire, le cristal et les métaux. L'art de la ciselure, poussé à un si haut degré au moyen âge, trouva pour lui, dans la transparence des émaux, une décoration dont rien n'a dû dépasser la richesse et l'éclat, et l'humble bâton parut bientôt composé d'or et de pierreries.

On appelle la crosse, au figuré, le *bâton pastoral* ou la *houlette*; et c'est avec raison, car il en eut primitivement la forme, exprimant bien l'idée qui s'attache à la dignité de pasteur des peuples. Peu à peu l'extrémité supérieure de ce bâton, légèrement recourbée d'abord, s'enroula en volutes dont les riches épanouissements purent bien cacher un jour aux fidèles la signification d'autrefois. Cependant les symbolistes ont toujours vu dans cet insigne le bâton qui soutient le pasteur et le fait marcher d'un pas sûr dans la voie d'un gouvernement droit et ferme, pour qu'il puisse y diriger lui-même ses ouailles. Si la partie supérieure de la crosse se recourbe, c'est pour attirer, disons le mot dans son énergique vérité, c'est pour *accrocher* les brebis qui semblent s'écarter du bercail ; si la partie inférieure, au contraire, se termine en pointe assez aiguë, c'est pour stimuler et corriger celles qui feraient une halte dans la voie du bien. Toutefois remarquons et faisons remarquer que si assez souvent la crosse des *Abbés* se termine d'une façon moins aiguë et plus arrondie, c'est pour exprimer d'une manière sensible cette idée que nous avons développée plus haut. L'*Abbé* n'est rien autre chose qu'un *père*, et il corrigera comme un *père* corrige ses *enfants*.

Au moyen-âge, il semble qu'un signe distinctif des crosses abbatiales était le voile (*velum*) qui s'attachait à la douille de ces crosses, ainsi que le prouvent de nombreux et irrécusables monuments. On a contesté que ce voile, qui devait couvrir ou protéger la main, eût le caractère que nous lui donnons, et cependant on a lieu de croire que tel fut à l'origine la cause de son emploi. Ce ne serait pas, du reste, la seule marque distinctive de la juridiction épiscopale et abbatiale : ainsi, à la différence de l'évêque, l'abbé portera sa crosse tournée en dedans, c'est-à-dire vers l'épaule, pour indiquer que sa juridiction ne s'étend pas au delà de son monastère, tandis que l'évêque la portera tournée en dehors, vers le peuple de son diocèse ; et cette différence sera maintenue, avec sa signification, dans la position de la crosse sur l'écu des armoiries de l'un et de l'autre.

Peut-être nous dira-t-on qu'en recherchant des exemples dans les temps les plus reculés, on ne trouverait pas toujours la justification de cette loi acceptée comme telle aujourd'hui ; mais ce qui ressortira nécessairement d'une étude approfondie de cette matière, c'est au moins la signification symbolique du bâton pastoral telle que nous venons de l'exposer, et l'importance toujours reconnue de cet insigne vénérable.

La CHAPE (*pluviale, cappa*) était à l'origine, ainsi que l'indique le premier des mots latins qui expriment son nom, un vêtement destiné à protéger le prêtre contre la pluie : aussi était-il complété par un *capuce* attaché à la partie postérieure. La trace de cet appendice nécessaire est encore indiquée aujourd'hui, malgré le changement de destination de cet ornement, par la décoration spéciale qui a remplacé le capuce et qu'on nomme le chaperon.

La chape de *couleur rouge* paraît avoir été, dans le principe, affectée au Souverain-Pontife seul, car on lit dans les auteurs les reproches qu'ils adressent aux anti-papes pour s'être revêtus de cet ornement particulier à l'évêque de Rome. Mais quand l'usage de porter le vêtement lui-même fut étendu aux Pères des conciles et aux simples prêtres, le privilége de la couleur disparut avec celui de porter le vêtement lui-même, et il ne resta aux évêques d'autre distinction que celle d'être revêtus de la chape pour la plupart des fonctions du saint ministère, tandis que les simples prêtres ne peuvent s'en servir régulièrement que dans des cas déterminés et beaucoup plus rares.

Ajoutons que si ces réflexions s'appliquent à la chape *pluviale*, elles ne peuvent s'étendre à la *cappa* que portent seuls aujourd'hui les évêques par-dessus la soutane et le rochet, quand ils assistent au chœur ou à quelque cérémonie publique.

Le GRÉMIAL *(Gremiale)* fut à l'origine un morceau de toile taillée en carré, que l'on plaçait sur les genoux du célébrant quand il s'asseyait, afin que le contact des bras et des mains n'altérât pas le devant de la chasuble.

C'est aujourd'hui un morceau de riche étoffe qui se place exclusivement sur les genoux de l'évêque officiant, quand il s'assied et quand il confère les ordres sacrés.

Le BOUGEOIR *(bugia)* que l'on porte devant l'évêque est désigné dans de vieux glossaires sous le nom latin de *scotula*, formé lui-même de deux mots grecs qui signifient *je chasse les ténèbres*. Il indiquerait donc, dans ce cas, l'idée symbolique exprimée par ces mots, et à laquelle il nous paraît superflu de donner des développements complètement inutiles.

Nous allons voir maintenant se dérouler sous nos yeux la cérémonie même de la bénédiction. Les prières qui l'accompagnent en expliqueront généralement assez le sens et la signification symboliques, pour qu'il soit inutile d'y suppléer autrement que par des notes, dont nous serons très sobre, et qui résumeront toujours l'opinion des commentaires les plus sûrs.

## BÉNÉDICTION DE L'ABBÉ.

Avant tout, l'Abbé qui doit être béni s'assurera qu'un mandat du Saint-Siége a commis un Evêque pour lui donner la bénédiction.

La veille du jour fixé pour cette cérémonie (laquelle ne peut avoir lieu qu'un jour de dimanche ou de fête), le Pontife désigné et l'Abbé élu doivent jeûner, et l'on prépare dans l'église où doit avoir lieu la bénédiction deux chapelles, la plus grande pour le Pontife, la plus petite pour l'Elu.

Sur l'autel de la première, garni selon la coutume, il y aura une croix au milieu et quatre chandeliers au moins : au bas des degrés de l'autel, on étend des tapis.

On prépare aussi dans un lieu convenable une crédence pour le Prélat qui doit bénir, sur laquelle on place une nappe blanche, deux chandeliers, des vases pour laver les mains, munis de serviettes, un vase avec de l'eau bénite et l'aspersoir, un encensoir avec sa navette munie de la cuiller et l'encens, les burettes au vin et à l'eau, le calice, le ciboire et les hosties pour le sacrifice.

On prépare également tous les ornements pontificaux, qui doivent être de la couleur convenable au temps et à l'office du jour ; savoir : les sandales, l'amict, l'aube, la ceinture, la croix pectorale, l'étole, la tunique, la dalmatique, les gants, la chasuble, la mître de toile d'or, l'anneau, la crosse et le manipule.

On dispose aussi un trône pour le Pontife et trois tabourets pour l'Elu et pour les deux Abbés assistants ; on prépare un missel et un pontifical. Le Pontife doit avoir auprès de lui trois chapelains au moins, revêtus du surplis ; deux serviteurs doivent se tenir près de la crédence.

Dans la chapelle plus petite destinée à l'Elu, et qui doit être distincte de la plus grande, on prépare aussi un autel avec la croix et deux chandeliers, on y place un missel et un pontifical et tous les ornements pontificaux de couleur blanche, tels qu'ils viennent d'être énumérés pour le Pontife, en y ajoutant une chape blanche. Auprès de l'autel on dispose une petite crédence avec une nappe blanche et des vases pour laver les mains; on prépare aussi cinq petites nappes de mesure égale, ayant chacune 1 aune 1|2, et faites de fin lin.

On dispose huit cierges d'une livre, dont quatre sont placés sur l'autel du Pontife, deux sur sa crédence et deux sur la crédence de l'Elu; l'anneau orné d'une pierre précieuse qui doit être béni et mis au doigt de l'Elu; et pour l'Offertoire, deux torches de quatre livres chacune, deux grands pains et deux barils de vin. Ces pains et ces barils doivent être ornés : deux doivent être argentés, deux doivent être dorés, et sur les deux côtés on doit appliquer les armoiries du Prélat et du monastère ou de l'Elu, accompagnées du chapeau, de la croix ou de la mitre, suivant le titre ou la dignité de chacun (1)

Il y aura deux Abbés assistants revêtus du surplis, de l'étole et de la chape. Ils portent la mitre simple de couleur blanche.

A l'heure indiquée, le Pontife, l'Elu, les assistants et tous ceux qui doivent prendre part à la cérémonie se rendent à l'église; là le Pontife, après avoir fait sa prière devant l'autel, monte sur son trône et s'y habille selon l'usage. Ensuite l'Elu se rend à sa chapelle, où il revêt l'amict, l'aube, la ceinture, l'étole à la façon des prêtres, et la chape; puis, au milieu des deux Abbés vêtus du surplis, de l'étole, de la chape et de la mitre simple, il est conduit au Pontife assis dans son fauteuil devant l'autel; il se découvre, s'incline profondément et fait un salut respectueux; les assistants font de même. Alors ils s'asseyent, chacun sur le tabouret qui

(1) Ces armoiries alternées doivent être aussi, d'après l'usage, appendues aux cierges des deux autels. Cette association héraldique exprime l'idée des sentiments qui unissent le Prélat et l'Elu.

lui a été préparé : l'Elu se tient devant le Pontife, de façon qu'il y ait entre eux une distance convenable ; le plus ancien des Abbés assistants est à la droite de l'Elu, le plus jeune à sa gauche, de sorte cependant que les deux assistants soient l'un vis-à-vis de l'autre. Après un moment de repos, tous se lèvent, la tête nue, et le plus ancien des Abbés assistants, s'adressant au Pontife, lui dit :

A dest, Reverendissime Pater, electus monasterii Beatæ Mariæ de Dumbis, ordinis Cisterciensis, primitivæ Observantiæ, diœcesis Bellicensis, quem ad vestram Reverendissimam paternitalem, ex parte conventus ejusdem Monasterii, duximus præsentandum, humiliter postulantes a vobis, ut ipsum in Abbatem dicti monasterii, auctoritate Apostolica vobis commissa, dignemini ordinare.

Très Révérend Père, voici l'Elu du monastère de Notre-Dame des Dombes, de l'Ordre de Cîteaux, de la primitive Observance, au diocèse de Belley, que nous présentons à Votre Révérendissime Paternité, vous priant humblement de daigner, en vertu de l'autorité qui vous a été donnée par le siége apostolique, lui conférer la dignité d'Abbé de ce monastère.

Alors le Pontife, s'adressant aux Abbés assistants, leur dit :

Habetis mandatum Apostolicum ?

Avez-vous un mandat apostolique ?

Le plus ancien des Abbés assistants répond :

Habemus.

Nous l'avons.

Le Pontife dit :

Legatur.

Qu'on le lise.

Alors le secrétaire du Pontife, recevant le mandat de la main de l'Abbé assistant qui a présenté l'Élu, le lit du commencement à la fin. Pendant cette lecture, tous demeurent assis la tête couverte. La lecture entièrement achevée, le Pontife dit :

Deo gratias.

Rendons grâces à Dieu.

Ensuite l'Élu et les Abbés assistants s'asseyent, et le Pontife lit à haute et intelligible voix l'examen suivant :

Les anciennes règles des saints Pères enseignent et ordonnent que celui qui est élu pour le gouvernement des âmes soit examiné et interrogé sur divers articles relatifs à la discipline et aux mœurs qui conviennent et qui sont nécessaires à ce gouvernement; c'est donc en vertu de cette même autorité, mon très cher frère, que nous allons vous interroger.

Voulez-vous observer régulièrement votre saint vœu et la règle de votre père saint Benoît, et instruire avec soin ceux qui vous sont soumis, afin qu'ils observent eux-mêmes et leurs vœux et leur sainte règle ?

Antiqua sanctorum Patrum institutio docet, et præcipit, ut is, qui ad regimen animarum eligitur, examinari, et interrogari debeat, de diversis causis, et moribus, quæ huic regimini congruunt, ac necessaria sunt. Eadem igitur auctoritate, te, frater charissime, interrogamus.

Vis tuum sanctum propositum et sancti Benedicti regulam observare tibique subjectos, ut idipsum faciant, diligenter instruere ?

Alors l'Elu se lève, la tête nue, et répond à toutes les questions :
« Je le veux. »

Voulez-vous éviter toute sorte de mal, et, autant que vous le pourrez, avec l'aide de Dieu, faire toute sorte de bien ?
R. Je le veux.
Voulez-vous, avec l'aide de Dieu, conserver en vous la chasteté, la sobriété, l'humilité et la patience, et les enseigner à ceux qui vous sont soumis?
R. Je le veux.
Voulez-vous garder fidèlement tout ce qui appartient au monastère qui vous est confié, pour en faire part à l'Eglise, à vos frères, aux pauvres et aux étrangers?
R. Je le veux.
Voulez-vous rendre, en tout et toujours, à notre sainte mère

Vis mores tuos ab omni malo temperare, et quantum adjuvante Domino poteris, ad omne bonum commutare ?
R. Volo.
Vis castitatem, sobrietatem, humilitatem et patientiam, cum Dei adjutorio, in te ipso, custodire, subditosque tuos, talia docere?
R. Volo.
Vis res monasterii tibi commissi fideliter custodire, et in usus Ecclesiæ, fratrum, pauperum, et peregrinorum, distribuere ?

R. Volo.
Vis sanctæ matri Ecclesiæ Romanæ, ac Sanctissimo Do-

mino nostro Pio IX, summo Pontifici, ejusque successoribus, fidem, subjectionem, obedientiam, et reverentiam devote, et fideliter per omnia perpetuo exhibere?

R. Volo.

Vis sanctæ Ecclesiæ de Trappa Majori, et Matri tuæ Abbatiæ Beatæ Mariæ de Aquabella, illiusque Abbati ac suis successoribus fidem, subjectionem, obedientiam et reverentiam devote et fideliter, secundum Ordinis vestri constitutiones, perpetuo exhibere?

R. Volo.

l'Eglise romaine, à N. T. S. P. Pie IX, Souverain Pontife, et à ses successeurs, dévotement et fidèlement, foi, soumission, obéissance et respect?

R. Je le veux.

Voulez-vous rendre toujours avec fidélité et dévouement à la sainte Eglise de la grande Trappe, et à votre Mère l'abbaye de Notre-Dame d'Aiguebelle, ainsi qu'à son Abbé et à ses successeurs foi, soumission, obéissance et respect, selon les constitutions de votre Ordre?

R. Je le veux.

Alors le Pontife ajoute :

Hæc omnia, et cætera bona tribuat tibi Dominus, et custodiat te, atque corroboret in omni bonitate?

R. Amen.

Que le Seigneur vous accorde toutes ces grâces, et qu'il vous garde et vous confirme dans la vertu.

R. Ainsi soit-il.

Alors l'Élu s'agenouille devant le Pontife et baise sa main. Le Pontife se lève, quitte sa mitre, et, tourné vers l'autel, il commence les prières de la Messe; l'Élu, placé à sa gauche lui répond.

Après les prières ordinaires dites au bas de l'autel, le Pontife monte à l'autel, le baise ainsi que l'Évangile qui doit se lire à la Messe, et l'encense selon la coutume. Ensuite il monte sur son trône et y continue la Messe.

L'Élu, de son côté, accompagné des Abbés assistants, se rend à sa chapelle, où, après avoir quitté sa chape, il reçoit ses sandales en récitant les psaumes qu'on a coutume de dire avant la Messe. Puis il reçoit la croix pectorale, l'étole, qu'on laisse pendante des deux côtés; il revêt la tunique, la dalmatique, la chasuble et le manipule; puis, debout devant son autel, entre les deux Abbés assistants, il continue la Messe jusqu'au point où s'arrête le Pontife (jusqu'à l'*Alleluia*). Et lorsqu'il dit : « Le Seigneur soit avec vous, » il ne doit point se tourner vers le peuple.

### INTROIT.

Tous les puissants de la terre brigueront la faveur de vos regards; à sa suite, les vierges seront amenées au Roi ; elle vous seront présentées au milieu de la joie et de l'allégresse. — *Ps* Mon cœur a proféré une heureuse parole ; c'est au Roi que s'adressent mes chants. — ℣ Gloire au Père. — Tous les puissants.

Kyrie, eleison.
Christe, eleison.
Kyrie, eleison.

GLORIA in excelsis Deo : et in terra pax hominibus bonæ voluntatis. Laudamus te. Benedicimus te. Adoramus te. Glorificamus te. Gratias agimus tibi propter magnam gloriam tuam : Domine Deus, Rex cœlestis, Deus pater omnipotens. Domine Fili unigenite, Jesu Christe : Domine Deus, Agnus Dei, Filius

### PRIONS.

O Dieu, qui avez voulu que votre Verbe prit un corps dans le sein de la B. Vierge Marie, au moment où l'ange lui annonça ce mystère, accordez à nos prières qu'en honorant celle que nous croyons être véritablement Mère de Dieu, nous soyons aidés auprès de vous par son intercession. Par le même N.-S. J.-C.

### INTROITUS.

Vultum tuum deprecabuntur omnes divites plebis ; adducentur Regi Virgines post eam ; proximæ ejus afferentur tibi in lætitia et exultatione. Alleluia, Alleluia. — *Ps*. Eructavit cor meum verbum bonum; dico ego opera mea Regi. ℣. Gloria. — Vultum tuum.

Patris : Qui tollis peccata mundi, miserere nobis. Qui tollis peccata mundi, suscipe deprecationem nostram. Qui sedes ad dexteram Patris, miserere nobis. Quoniam tu solus Sanctus ; Tu solus Dominus ; Tu solus Altissimus, Jesu Christe : Cum Sancto Spiritu, in gloria Dei Patris. Amen.

V. Dominus vobiscum.
R. Et cum spiritu tuo.

### OREMUS.

Deus, qui de Beatæ Mariæ Virginis utero Verbum tuum, angelo nunciante, carnem suscipere voluisti, præsta supplicibus tuis, ut qui verè eam genitricem Dei credimus, ejus apud te intercessionibus adjuvemur. Per eumdem.

**ORÉMUS.**

CONCEDE, quæsumus, Domine, huic famulo tuo, ut prædicando, et exercendo quæ recta sunt, per exemplum bonorum operum animos suorum instruat subjectorum, et æternæ remunerationis mercedem à te piissimo Pastore percipiat. Per Dominum nostrum Jesum Christum Filium tuum, qui tecum vivit et regnat in unitate Spiritus Sancti Deus, per omnia sæcula sæculorum. R. Amen.

**PRIONS.**

SEIGNEUR, nous vous en supplions, accordez à votre serviteur de prêcher et de pratiquer toujours ce qui est conforme à votre sainte volonté, afin qu'il éclaire tous ceux qui lui sont soumis par la lumière de ses bonnes œuvres, et qu'il mérite ainsi de recevoir de vous, qui êtes le Pasteur très miséricordieux, la récompense éternelle. Par N.-S. J.-C., votre Fils, qui vit et règne avec vous et le Saint-Esprit, dans les siècles des siècles. R. Ainsi soit-il.

En même temps, l'Elu dit la même Oraison en ces termes :

Concede, quæsumus, Domine, mihi famulo tuo, ut prædicando et exercendo quæ recta sunt, per exemplum bonorum operum animos meorum instruam subjectorum ; et æternæ remunerationis mercedem à te piissimo Pastore percipiam. Per Dominum nostrum Jesum Christum Filium tuum, qui tecum vivit et regnat in unitate Spiritus Sancti Deus, per omnia sæcula sæculorum. R. Amen.

Accordez-nous, Seigneur, nous vous en supplions, accordez à votre serviteur de prêcher et de pratiquer toujours ce qui est conforme à votre sainte volonté, afin que j'éclaire tous ceux qui me sont soumis par la lumière de mes bonnes œuvres, et que je mérite ainsi de recevoir de vous, qui êtes le pasteur très miséricordieux, la récompense éternelle. Par N.-S. J.-C., votre Fils, qui vit et règne avec vous et le Saint-Esprit, dans les siècles des siècles. R. Ainsi soit-il.

**EPISTOLA.**

*Lectio Isaiæ prophetæ.*
(Cap. 7.)

In diebus illis locutus est Dominus ad Achaz, dicens : Pete tibi signum à Domino Deo tuo in profundum inferni, sive in excelsum supra. Et

**ÉPÎTRE.**

*Leçon du prophète Isaïe.*

En ces jours-là, le Seigneur, parlant à Achaz, lui dit : Demandez au Seigneur votre Dieu un prodige ou du fond des abîmes, ou du plus haut des cieux. Achaz répondit : Je ne le demanderai pas et je ne tenterai pas le Seigneur. Et Isaïe dit : Ecoutez donc, maison de David ; ne vous suffit-il pas de lasser la patience des hommes sans lasser encore celle de mon Dieu ? C'est pourquoi le Seigneur vous donnera lui-même un signe. Une Vierge concevra et mettra au monde un fils, qui sera appelé Emmanuel. Il mangera le beurre et le miel, en sorte qu'il sache rejeter le mal et choisir le bien.

Alleluia, Alleluia.

℣ Je vous salue, Marie, pleine de grâces ; le Seigneur est avec vous : vous êtes bénie entre toutes les femmes. — Alleluia.

℣ La tige de Jessé a fleuri ; une Vierge a engendré un homme-Dieu, et Dieu a rendu la paix, en unissant en lui les choses les plus basses aux plus élevées. — Alleluia.

dixit Achaz : Non petam et non tentabo Dominum. Et dixit : Audite ergo domus David : Numquid parum vobis est molestos esse hominibus, quia molesti estis et Deo meo ? Propter hoc dabit Dominus ipse vobis signum. Ecce Virgo concipiet et pariet filium et vocabitur nomen ejus Emmanuel. Butyrum et mel comedet, ut sciat reprobare malum et eligere bonum.

Alleluia, Alleluia.

℣. Ave, Maria, gratia plena, Dominus tecum ; benedicta tu in mulieribus. — Alleluia

℣. Virga Jesse floruit ; Virgo Deum et hominem genuit ; pacem Deus reddidit, in se reconcilians ima summis. — Alleluia.

En ce moment, le Pontife, coiffé de la mitre, s'asseoit sur son fauteuil placé devant l'autel, et les deux assistants ramènent devant lui l'Elu, qui fait au Pontife une humble révérence. Alors le Pontife se lève, et, toujours coiffé de la mitre, il s'agenouille devant son fauteuil, tandis que les Abbés assistants s'agenouillent devant leurs tabourets. L'Elu se prosterne à la gauche du Pontife. Les chantres entonnent, et le chœur répond (ou bien on lit) :

---

*Ant.*

Ne reminiscaris, Domine, delicta nostra, vel parentum nostrorum ; neque vindictam sumas de peccatis nostris, Domine Deus noster.

DOMINE, ne in furore tuo arguas me ; neque in ira tua corripias me.

Miserere mei, Domine, quoniam infirmus sum ; sana me, Domine, quoniam conturbata sunt ossa mea.

Et anima mea turbata est valde : sed tu, Domine usquequo ?

Convertere, Domine, et eripe animam meam ; salvum me fac propter misericordiam tuam.

Quoniam non est in morte qui memor sit tui : in inferno autem quis confitebitur tibi ?

Laboravi in gemitu meo : lavabo per singulas noctes lectum meum ; * lacrymis meis stratum meum rigabo

Turbatus est a furore oculus meus : * inveteravi inter omnes inimicos meos.

Discedite a me, omnes qui operamini iniquitatem ; quoniam exaudivit Dominus vocem fletus mei.

Exaudivit Dominus deprecationem meam ; Dominus orationem meam suscepit.

Erubescant et conturbentur vehementer omnes inimici mei : * convertantur et erubescant valde velociter.

Gloria Patri, et Filio, et Spiritui sancto ;

Sicut erat in principio, et nunc, et semper, * et in sæcula sæculorum.

Amen.

BEATI quorum remissæ sunt iniquitates ; et quorum tecta sunt peccata.

Beatus vir cui non imputavit Dominus peccatum, nec est in spiritu ejus dolus.

Quoniam tacui inveteraverunt ossa mea, dum clamarem tota die.

Quoniam die ac nocte gravata est super me manus tua : * Conversus sum in ærumma mea, dum configitur spina.

Delictum meum cognitum tibi feci ; * et injustitiam meam non abscondi.

Dixi : Confitebor adversum me injustitiam meam Domino, * et tu remisisti impietatem peccati mei.

Pro hac orabit ad te omnis sanctus, * in tempore opportuno.

Verumtamen in diluvio aquarum multarum, * ad eum non approximabunt.

Tu es refugium meum a tribulatione, quæ circumdedit me : * exultatio mea, erue me a circumdantibus me.

Intellectum tibi dabo, et instruam te in via hac qua gradieris ; * firmabo super te oculos meos.

Nolite fieri sicut equus et mulus, * quibus non est intellectus.

In camo et freno maxillas eorum constringe, * qui non approximant ad te.

Multa flagella peccatoris ; * sperantem autem in Domino misericordia circumdabit.

Lætamini in Domino, et exultate, justi, * et gloriamini, omnes recti corde.

Gloria, etc.

DOMINE, ne in furore tuo arguas me, * neque in ira tua corripias me.

Quoniam sagittæ tuæ infixæ sunt mihi, * et confirmasti super me manum tuam.

Non est sanitas in carne mea a facie iræ tuæ : * non est pax ossibus meis a facie peccatorum meorum.

Quoniam iniquitates meæ supergressæ sunt caput meum:* et sicut onus grave gravatæ sunt super me.

Putruerunt, et corruptæ sunt cicatrices meæ, * a facie insipientiæ meæ.

Miser factus sum, et curvatus sum usque in finem, * tota die contristatus ingrediebar.

Quoniam lumbi mei impleti sunt illusionibus, * et non est sanitas in carne mea.

Afflictus sum, et humiliatus sum nimis ; * rugiebam a gemitu cordis mei.

Domine, ante te omne desiderium meum, * et gemitus meus a te non est absconditus.

Cor meum conturbatum est, dereliquit me virtus mea ; * et lumen oculorum meorum, et ipsum non est mecum.

Amici mei et proximi mei * adversum me appropinquaverunt et steterunt :

Et qui juxta me erant de longe steterunt ; * et vim faciebant qui querebant animam meam.

Et qui inquirebant mala mihi, locuti sunt vanitates, * et dolos tota die meditabantur.

Ego autem tanquam surdus non audiebam, * et sicut mutus non aperiens os suum :

Et factus sum sicut homo non audiens, * et non habens in ore suo redargutiones.

Quoniam in te, Domine, speravi, * tu exaudies me, Domine Deus meus.

Quia dixi : Nequando supergaudeant mihi inimici mei ; * et dum commoventur pedes mei, super me magna locuti sunt.

Quoniam ego in flagella paratus sum, * et dolor meus in conspectu meo semper.

Quoniam iniquitatem meam annuntiabo, * et cogitabo pro peccato meo :

Inimici autem mei vivunt, et confirmati sunt super me, * et multiplicati sunt qui oderunt me inique.

Qui retribuunt mala pro bonis detrahebant mihi ; * quoniam sequebar bonitatem.

Ne derelinquas me, Domine Deus meus ; ne discesseris a me.

Intende in adjutorium meum,* Domine, Deus salutis meæ.

Gloria, etc.

MISERERE mei, Deus, * secundum magnam misericordiam tuam.

Et secundum multitudinem miserationum tuarum, * dele iniquitatem meam,

Amplius lava me ab iniquitate mea, * et a peccato meo munda me :

Quoniam iniquitatem meam ego cognosco ; * et peccatum meum contra me est semper.

Tibi soli peccavi, et malum coam te feci ; * ut justificeris in sermonibus tuis, et vincas cum judicaris.

Ecce enim in iniquitatibus conceptus sum ; * et in peccatis concepit me mater mea,

Ecce enim veritatem dilexisti: * incerta et occulta sapientiæ tuæ manifestasti mihi.

Asperges me hyssopo, et mundabor : * lavabis me, et super nivem dealbabor.

Auditui meo dabis gaudium et lætitiam ; * et exultabunt ossa humiliata,

Averte faciem tuam a peccatis meis, * et omnes iniquitates meas dele,

Cor mundum crea in me, Deus, * et spiritum rectum innova in visceribus meis.

Ne projicias me a facie tua ; * et spiritum sanctum tuum ne auferas a me.

Redde mihi lætitiam salutaris tui ; * et spiritu principali confirma me,

Docebo iniquos vias tuas * et impii ad te convertentur,

Libera me de sanguinibus, Deus, Deus salutis meæ; * et exultabit lingua mea justitiam tuam.

Domine, labia mea aperies ; * et os meum annuntiabit laudem tuam.

Quoniam si voluisses sacrificium, dedissem utique ; * holocaustis non delectaberis.

Sacrificium Deo spiritus contribulatus ; * cor contritum et humiliatum, Deus, non despicies.

Benigne fac, Domine, in bona voluntate tua Sion, * ut ædificentur muri Jerusalem.

Tunc acceptabis sacrificium justitiæ oblationes et holocausta: * tunc imponent super altare tuum vitulos.

Gloria, etc.

DOMINE, exaudi orationem meam ; * et clamor meus ad te veniat

Non avertas faciem tuam a me ; * in quacumque die tribulor, inclina ad me aurem tuam.

In quacumque die invocavero te, * velociter exaudi me.

Quia defecerunt sicut fumus dies mei, * et ossa mea sicut cremium aruerunt,

Percussus sum ut fenum, et aruit cor meum, * quia oblitus sum comedere panem meum.

A voce gemitus mei * adhæsit os meum carni meæ.

Similis factus sum pelicano solitudinis, * factus sum sicut nycticorax in domicilio.

Vigilavi, * et factus sum sicut passer solitarius in tecto.

Tota die exprobabant mihi inimici mei ; * et qui laudabant me, adversum me jurabant.

Quia cinerem tanquam panem manducabam, * et potum meum cum fletu miscebam

A facie iræ et indignationis tuæ ; * quia elevans allisisti me.

Dies mei sicut umbra declinaverunt ; * et ego sicut fenum arui.

Tu autem, Domine, in æternum permanes, * et memoriale tuum in generationem et generationem.

Tu exurgens misereberis

Sion, * quia tempus miserendi ejus, quia venit tempus;

Quoniam placuerunt servis tuis, lapides ejus, * et terræ ejus miserebuntur.

Et timebunt gentes nomen tuum, Domine, * et omnes reges terræ gloriam tuam ;

Quia ædificavit Dominus Sion ; * et videbitur in gloria sua.

Respexit in orationem humilium, * et sprevit precem eorum.

Scribantur hæc in generatione altera, * et populus qui creabitur, laudabit Dominum ;

Quia prospexit de excelso sancto suo : * Dominus de cœlo in terram aspexit ;

Ut audiret gemitus compeditorum, * ut solveret filios interemptorum ;

Ut annuntient in Sion nomen Domini, * et laudem ejus in Jerusalem ;

In conveniendo populos in unum * et reges, ut serviant Domino.

Respondit ei in via virtutis suæ : * Paucitatem dierum meorum nuntia mihi:

Ne revoces me in dimidio dierum meorum : * in generationem et generationem anni tui.

Initio tu, Domine, terram fundasti : * et opera manuum tuarum sunt cœli.

Ipsi peribunt, tu autem permanes ; * et omnes sicut vestimentum veterascent ;

Et sicut opertorium muta-

bis eos, et mutabuntur ; * tu autem idem ipse es, et anni tui non deficient.

Filii servorum tuorum habitabunt ; * et semen eorum in seculum dirigetur.

Gloria, etc.

DE profundis clamavi ad te, Domine * : Domine, exaudi vocem meam.

Fiant aures tuæ intendentes * in vocem deprecationis meæ.

Si iniquitates observaveris, Domine, * Domine, quis sustinebit ?

Quia apud te propitiatio est ; * et propter legem tuam sustinui te, Domine.

Sustinuit anima mea in verbo ejus ; * speravit anima mea in Domino.

A custodia matutina usque ad noctem, * speret Israel in Domino ;

Quia apud Dominum misericordia, * et copiosa apud eum redemptio.

Et ipse redimet Israel * ex omnibus iniquitatibus ejus.

Gloria, etc.

DOMINE, exaudi orationem meam, auribus percipe absecrationem meam in veritate tua, * exaudi me in tua justitia ;

Et non intres in judicium cum servo tuo ; * quia non justificabitur in conspectu tuo omnis vivens :

Quia persecutus est inimicus animam meam, * humiliavit in terra vitam meam ;

Collocavit me in obscuris sicut mortuos seculi ; * et anxiatus est super me spiritus meus, in me turbatum est cor meum.

Memor fui dierum antiquorum; meditatus sum in omnibus operibus tuis, * in factis manuum tuarum meditabar.

Expandi manus meas ad te, * anima mea sicut terra sine aqua tibi.

Velociter exaudi me, Domine ;*defecit spiritus meus.

Non avertas faciem tuam a me : * et similis ero descendentibus in lacum

Auditam fac mihi mane misericordiam tuam, * quia in te speravi.

Notam fac mihi viam in qua ambulem, * quia ad te levavi animam meam.

Eripe me de inimicis meis, Domine ad te confugi : * doce me facere voluntatem tuam, quia Deus meus es tu.

Spiritus tuus bonus deducet me in terram rectam : * propter nomen tuum, Domine, vivificabis me in æquitate tua.

Educes de tribulatione animam meam, * et in misericordia tua disperdes inimicos meos ;

Et perdes omnes qui tribulant animam meam, * quoniam ego servus tuus sum.

Gloria, etc.

*Ant.* Ne reminiscaris, Domine, delicta nostra, vel parentum nostrorum, neque vindictam sumas de peccatis nostris.

KYRIE, eleison.

Christe, eleison.

Kyrie, eleison.

Christe, audi nos.

Christe, exaudi nos.

Pater de cœlis Deus, miserere nobis.

Fili redemptor mundi Deus, miserere nobis

Spiritus sancte Deus, miserere.

Sancta Trinitas unus Deus, miserere.

Sancta Maria, ora pro nobis.

Sancta Dei Genitrix, ora.

Sancta Virgo virginum, ora.

Sancte Michael, ora.

Sancte Gabriel, ora.

Sancte Raphael, ora.

Omnes sancti Angeli et Archangeli, orate.

Omnes sancti beatorum spirituum ordines, orate.

Sancte Joannes Baptista, ora pro nobis.

Sancte Joseph, ora.

Omnes sancti Patriarchæ et Prophetæ, orate pro nobis.

Sancte Petre, ora.

Sancte Paule, ora.

Sancte Andrea, ora.

Sancte Jacobe, ora.

Sancte Joannes, ora.

Sancte Thoma, ora.

Sancte Jacobe, ora.

Sancte Philippe, ora.

Sancte Bartholomæe, ora.

Sancte Mathæe, ora.

Sancte Simon, ora.

Sancte Thadæe, ora.

Sancte Matthia, ora.

Sancte Barnaba, ora.

Sancte Luca, ora.
Sancte Marce, ora.
Omnes sancti Apostoli et Evangelistæ, orate.
Omnes sancti Discipuli Domini, orate.
Omnes sancti Innocentes, orate.
Sancte Stephane, ora.
Sancte Laurenti, ora.
Sancte Vincenti, ora.
Sancti Fabiane et Sebastiane, orate pro nobis.
Sancti Joannes et Paule, orate pro nobis.
Sancti Cosma et Damiane, orate pro nobis.
Sancti Gervasi et Protasi, orate.
Omnes sancti Martyres, orate pro nobis.
Sancte Silvester, ora.
Sancte Gregori, ora.
Sancte Ambrosi, ora.
Sancte Augustine, ora.
Sancte Hieronyme, ora.
Sancte Martine, ora.
Sancte Nicolae, ora.
Omnes sancti Pontifices et Confessores, orate pro nobis.
Omnes sancti Doctores, orate pro nobis.
Sancte Benedicto, ora.
Sancte Antoni, ora.
Sancte Bernarde, ora.
Sancte Dominice, ora.
Sancte Francisce ora.
Omnes sancti Sacerdotes et Levitæ, orate.
Omnes sancti Monachi et Eremitæ, orate pro nobis.
Sancta Maria Magdalena, ora.
Sancta Agatha, ora.
Sancta Lucia, ora.

Sancta Agnes, ora.
Sancta Cæcilia, ora.
Sancta Catharina, ora.
Sancta Anastasia, ora.
Omnes Sanctæ Virgines et Viduæ, orate pro nobis.
Omnes Sancti et Sanctæ Dei, intercedite pro nobis.
Propitius esto, parce nobis, Domine.
Ab omni malo, libera nos, Domine.
Propitius esto, exaudi nos, Domine.
Ab omni pecato, libera.
Ab ira tua, libera nos
A subitanea et improvisa morte, libera.
Ab insidiis diaboli, libera.
Ab ira, et odio, et omni mala voluntate, libera nos.
A spiritu fornicationis, libera nos, Domine.
A fulgure et tempestate, libera nos, Domine.
A morte perpetua, libera.
Per mysterium sanctæ Incarnationis tuæ, libera.
Per adventum tuum, libera.
Per Nativitatem tuam, libera.
Per Baptismum et sanctum Jejunium tuum, libera.
Per Crucem et Passionem tuam, libera nos.
Per Mortem et Sepulturam tuam, libera nos.
Per sanctam Resurrectionem tuam, libera nos.
Per admirabilem Ascensionem tuam, libera.
Per adventum Spiritus sancti Paracliti, libera nos.
In Die judicii, libera nos.

Peccatores, te rogamus, audi nos.

Ut nobis parcas, te rogamus.

Ut nobis indulgeas, te rogamus.

Ut ad veram pœnitentiam nos perducere digneris, te rogamus, audi nos.

Ut Ecclesiam tuam sanctam regere et conservare digneris, te rogamus, audi nos.

Ut Domnum apostolicum et omnes ecclesiasticos ordines in sancta religione conservare digneris, te rogamus, audi nos.

Ut inimicos sanctæ Ecclesiæ humiliare digneris, te rogamus, audi nos.

Ut regibus et principibus christianis pacem et veram concordiam donare digneris, te rogamus.

Ut cuncto populo christiano pacem et unitatem largiri digneris, te rogamus.

Ut nosmetipsos in tuo sancto servitio confortare et conservare digneris, te rogamus, audi nos.

Ut mentes nostras ad cœlestia desideria erigas, te rogamus, audi nos.

Ut omnibus benefactoribus nostris sempiterna bona retribuas, te rogamus.

Ut animas nostras, fratrum, propinquorum, et benefactorum nostrorum ab æterna damnatione eripias, te rogamus, audi nos.

Ut fructus terræ dare et conservare digneris, te rogamus.

Ut omnibus fidelibus defunctis requiem æternam donare digneris, te rogamus.

Le Pontife se lève, prend en sa main gauche la crosse, et, tourné vers l'Élu, il dit :

Ut hunc præsentem Electum bene † dicere digneris, te rogamus, audi nos.

Daignez bé † nir cet abbé Elu ici présent, nous vous en supplions, exaucez-nous.

Il répète une seconde fois :

Ut hunc præsentem Electum bene † dicere et sancti † ficare digneris, te rogamus, audi nos.

Daignez bé † nir et sancti † fier cet abbé Elu ici présent, nous vous en supplions, exaucez-nous.

Faisant à chaque fois, avec la main droite, le signe de la croix sur l'Élu ; puis il se met de nouveau à genoux et l'on poursuit les litanies.

Ut nos exaudire digneris, te rogamus, audi nos.

Fili Dei, te rogamus, audi nos.

Agnus Dei, qui tollis peccata mundi, parce nobis, Domine.

Agnus Dei, qui tollis peccata mundi, exaudi nos, Domine.

Agnus Dei, qui tollis peccata mundi, miserere nobis.

Christe, audi nos.

Christe, exaudi nos.

Kyrie, eleison.

Christe, eleison.

Kyrie, eleison.

———

Le Pontife quitte la mitre, se lève, et se tournant vers l'Élu, qui reste toujours prosterné, il dit :

Notre Père, etc.

V. Et ne nous laissez pas succomber à la tentation ; R. mais délivrez-nous du mal.

V. Seigneur, sauvez votre serviteur ; R. mon Dieu il a espéré en vous.

V. Envoyez-lui, Seigneur, votre secours d'en haut ; R. et protégez-le des hauteurs de Sion.

V. Il recevra du Seigneur la bénédiction ; R. et du Dieu sauveur la miséricorde.

V. Souvenez-vous, Seigneur, de votre peuple ; R. que vous avez possédé dès le commencement des siècles.

V. Que le Seigneur garde votre entrée et votre sortie ; R. dès maintenant et dans le temps à venir.

V. Que le Seigneur vous garde contre tout mal ; R. que le Seigneur garde votre âme.

V. Seigneur, Dieu des vertus, convertissez-nous ; R. montrez votre face, et nous serons sauvés.

V. Seigneur, exaucez ma priè-

Pater noster, etc.

V. Et ne nos inducas in tentationem ; R. Sed libera nos a malo.

V. Salvum fac servum tuum, Domine ; R. Deus meus sperantem in te.

V. Mitte ei, Domine, auxilium de Sancto; R. Et de Sion tuere eum.

V. Hic accipiet benedictionem a Domino ; R. Et misericordiam a Deo salutari suo.

V. Memor esto congregationis tuæ ; R. Quam possedisti ab initio.

V. Dominus custodiat introïtum tuum et exitum tuum ; R. Ex hoc nunc et usque in sæculum.

V. Dominus custodiat te ab omni malo ; R. Custodiat animam tuam Dominus.

V. Domine Deus virtutum converte nos ; R. Et ostende faciem tuam et salvi erimus.

V. Domine, exaudi orationem meam ; R. Et clamor meus ad te veniat.

V. Dominus vobiscum ; R. Et cum spiritu tuo.

### OREMUS.

CONCEDE, quæsumus, omnipotens Deus, affectui nostro tuæ miserationis effectum, et hunc famulum tuum, quem ad regimen animarum eligimus, gratiæ tuæ dono prosequere, ut, te largiente cum ipsa tibi nostra electione placeamus. Per Christum Dominum nostrum.

R. Amen.

### OREMUS.

CUNCTORUM bonorum institutor Deus, qui per Moysen famulum tuum, ad gubernandas Ecclesias præpositos instituisti, tibi supplices fundimus preces, teque devotis mentibus exoramus, ut hunc famulum tuum quem communis electio famulorum tuorum abbatem ovium tuarum esse constituit, protectionis tuæ gratia munire digneris ; sicque regere subditos, commendatasque oves concedas, ut cum illis omnibus regna cœlorum adipiscatur : quatenus te, Domine, opitulante, Apostolicis jugiter fultus doctrinis, centesimo cum fructu lætus introeat portas paradisi ; atque a te, Domine, collaudante audire mereatur, euge, serve bone, et fidelis, quia super pauca fuisti fidelis, supra multa te

re ; R. et que mon cri parvienne jusqu'à vous.

V. Que le Seigneur soit avec vous ; R. et avec votre esprit.

### PRIONS.

ACCORDEZ, Seigneur, à la sincérité de nos désirs les véritables effets de votre bonté, et comblez des dons de votre grâce votre serviteur que nous choisissons pour le gouvernement des âmes, afin que, par un bienfait signalé de votre miséricorde, ce choix lui-même nous rende encore plus agréables à vos yeux. Par N.-S. J.-C. Ainsi soit-il.

### PRIONS.

O Dieu, le premier auteur de toutes les sages institutions, qui avez inspiré à Moïse, votre serviteur, de donner des chefs aux saintes assemblées de votre peuple, nous vous adressons nos humbles supplications et nous vous prions du fond de nos cœurs d'environner de votre protection votre serviteur que le suffrage de ses frères a établi l'abbé et le pasteur de vos brebis.—Que ceux qui lui sont soumis et tout le troupeau confié à sa sollicitude arrivent sous sa conduite au royaume des cieux. Puisse-t-il, avec le secours de votre grâce, et toujours appuyé sur les enseignements apostoliques, rapporter des fruits au centuple, et se présenter avec confiance aux portes du paradis, pour entendre de votre bouche cette parole de louange : Courage, bon et fidèle serviteur ; parce que vous avez été fidèle en des choses peu importantes, je vous établirai sur de plus considérables: entrez dans la joie de votre Seigneur.

Daignez nous l'accorder vous-même, ô Dieu, qui vivez et régnez.

constituam, intra in gaudium Domini tui. Quod ipse præstare digneris, qui vivis, et regnas, Deus.

En ce moment l'Élu se lève, s'agenouille devant le Pontife, et celui-ci, les mains étendues devant la poitrine, dit :

Pendant les siècles des siècles. Ainsi soit-il.

Que le Seigneur soit avec vous.

Elevez vos cœurs.

Nous les élevons vers le Seigneur.

Rendons grâces au Seigneur notre Dieu.

Il est raisonnable et juste.

Il est vraiment juste et raisonnable, il est équitable et salutaire de vous rendre grâces en tout temps et en tout lieu, Seigneur très saint, Père tout-puissant, Dieu éternel, pour que vous daigniez encore être propice à nos vœux, et répandre sur votre serviteur l'abondance de vos béné † dictions.

Per omnia sæcula sæculorum. R. Amen.

V. Dominus vobiscum. R. Et cum spiritu tuo. V. Sursum corda. R. Habemus ad Dominum.

V. Gratias agamus Domino Deo nostro. R. Dignum et justum est.

VERE dignum et justum est, æquum, et salutare nos tibi semper et ubique gratias agere, Domine sancte, Pater omnipotens, æterne Deus, affluentem spiritum tuæ bene † dictionis super hunc famulum tuum nobis orantibus, propitius infunde.

En ce moment le Pontife impose ses deux mains étendues, en joignant les doigts, sur la tête de l'Élu, et il dit :

PUISQUE aujourd'hui il est établi abbé par l'imposition de nos mains, rendez-le digne d'être sancti † fié par vous, confirmez-le dans son élection, et qu'à l'avenir il ne soit jamais privé de votre grâce pour son indignité.

UT qui per nostræ manus impositionem hodie Abbas constituitur, sancti † ficatione tua dignus, a te electus permaneat, et nunquam postmodum a tua gratia separetur indignus.

En ce moment le Pontife retire ses mains de la tête de l'Élu, et les tenant ouvertes devant sa poitrine, il dit :

Suscipiat te, Domine, largiente, hodie in bono opere perseverantiam, in adversis constantiam, in tribulationibus tolerantiam, in jejuniis desiderium, in impietatibus misericordiam, in humilitate principatum, in superbia odium, in fide dilectionem, in doctrina pervigilantiam, in castitate continentiam, in luxuria abstinentiam, in varietatibus moderationem, in moribus doctrinam : te tribuente, Domine, talis in hoc ministerio perseveret, qualis Levita electus ab Apostolis sanctus Stephanus meruit perdurare : totam ab hac die mundanam conversationem despiciat; tua, Domine, benedictione largiente, contemnat præsentia, diligat cælestia, desideret sempiterna : sit exemplum et forma justitiæ, ad gubernandam regendamque Ecclesiam tuam fideliter, ut speculator idoneus inter suos collegas semper efficiatur. Sit magni consilii, industria censuræ, et efficacia disciplinæ : ita, te, Domine, tribuente, in omnibus mandatis tuis sine reprehensione tibi mundo corde serviens, ut ad bravium supernæ vocationis, multiplicato fœnore, cum centesimo fructu, coronaque justitiæ, ad cælestium the-

Qu'il reçoive aujourd'hui les dons de votre munificence, la force de persévérer dans les bonnes œuvres, la constance dans l'adversité, la patience dans les tribulations, la faim et la soif des privations, et la miséricorde, qui touche les cœurs rebelles. Qu'il soit toujours le premier par son humilité; qu'il porte dans son cœur la haine de la superbe, le saint amour inspiré par la foi, un zèle ardent et éclairé pour la pureté de la doctrine. Donnez-lui l'ornement de la chasteté et de la continence, le renoncement à tous les désirs de la chair, la fermeté et la prudence pour combattre l'inconstance et la légèreté, la pureté de la foi et des mœurs. Accordez-lui, Seigneur, de demeurer dans l'exercice de son ministère toujours semblable au lévite saint Étienne, le digne élu de vos apôtres. Que dès ce jour il ait un profond mépris pour tous les objets des préoccupations mondaines. Que la grâce attachée à votre bénédiction, Seigneur, détache son cœur des choses qui passent pour l'élever à l'amour et au désir constant des biens célestes et des joies de l'éternité. Pour gouverner et diriger cette portion de votre Église, qu'il soit lui-même une règle vivante et un miroir de justice. Placez-le au milieu de ses frères comme une sentinelle vigilante, comme un autre ange du grand conseil, par son zèle éclairé pour punir, par sa fermeté à imposer le joug des saintes règles. Marchant ainsi par votre secours sans aucun reproche dans tous vos commandements, soumis à votre volonté dans la pureté de son cœur, croissant tous les jours en mérites, portant des fruits au centuple et orné de la couronne de justice, il obtiendra de vous les dons célestes que vous puisez dans les trésors de votre amour.

saurorum dona tua perveniat.

Ce qui suit se dit à voix basse, de telle sorte cependant que ceux qui entourent le Pontife puissent l'entendre.

Nous espérons ces grâces de N.-S. J.-C., qui vit et règne avec le Père et le Saint-Esprit, dans les siècles des siècles.

Præstante Domino nostro Jesu Christo, qui cum Patre, et Spiritu sancto vivit et regnat Deus, per omnia sæcula sæculorum. R. Amen.

Ensuite il dit :

#### PRIONS.

O Dieu, à qui sont soumis tous les pouvoirs et toutes les dignités, accordez à votre serviteur d'exercer avec fruit son autorité, et de conserver toujours dans son cœur la crainte de vous offenser, et le désir de plus en plus ardent de vous être agréable. Par N.-S. J.-C. Ainsi soit-il.

#### OREMUS.

DEUS, cui omnis potestas, et dignitas famulatur, da huic famulo tuo prosperum suæ dignitatis effectum, in qua semper te timeat, tibique jugiter placere contendat. Per Christum Dominum nostrum. R. Amen.

#### PRIONS.

SEIGNEUR, source inépuisable de tous les biens, auteur et rémunérateur de tous les mérites des justes, accordez à votre serviteur d'user saintement de la dignité dont il est revêtu, et de montrer

#### OREMUS.

OMNIUM, Domine, fons bonorum, justorumque provectuum munerator, tribue, quæsumus, huic famulo tuo, adeptam bene gerere dignitatem ; et a te sibi præstitam bonis operibus comprobare. Per Christum Dominum nostrum. R. Amen.

par ses bonnes œuvres qu'il l'a vraiment reçue de vous. Par N.-S. J.-C Ainsi soit-il.

### OREMUS.

EXAUDI, Domine, preces nostras, quas in conspectu tuæ majestatis super hunc famulum tuum fundimus, qui vice tui nominis ad gubernationem ovium tuarum statuitur ; ut eum respicere, et interveniente beato Benedicto bene † dicere digneris ; et qui ad redemptionem et protectionem nostram de cælo descendisti, et mundo te verum, et summum Pastorem exhibuisti, dicens : Ego sum Pastor bonus; te invocamus, te suppliciter deprecamur, ut huic famulo tuo, quem pastoralis officii culmen subire voluisti, tua bonitas adsit, et bene†dictio, omnibus diebus vitæ suæ. Protege eum, Domine, et defende ab omnibus visibilium et invisibilium adversitatibus inimicorum ; dirige gressus ejus in viam pacis et justitiæ ; et largire tuarum dona virtutum, justitiam, temperantiam, fortitudinem, prudentiam, charitatem, sobrietatem, patientiam, longanimitatem, constantiam insuperabilem, fidem non fictam, spem inconcussam, mentem devotam, humilitatem perfectam, intelligentiam rectam, benignitatem, modestiam, unanimitatem, pacem, concordiam, castitatem, abstinentiam, vigilantiam, dis-

### PRIONS.

EXAUCEZ, Seigneur, les prières que nous adressons à votre majesté sainte en faveur de votre serviteur établi en votre nom pour gouverner votre troupeau; daignez abaisser sur lui vos regards de complaisance, et par l'intercession du bienheureux Benoît, étendez votre main pour le bé † nir. Vous, Seigneur, qui êtes descendu du ciel pour racheter et pour défendre les brebis perdues, qui vous êtes présenté au monde comme le véritable et souverain pasteur, en disant : Je suis le bon pasteur, nous vous le demandons, nous vous en supplions, que votre bonté assiste toujours votre serviteur, à qui vous avez imposé la charge et la dignité pastorales, et que votre béné † diction l'accompagne tous les jours de sa vie. Protégez-le, Seigneur, et daignez le défendre contre tous ses ennemis visibles et invisibles; dirigez ses pas dans les sentiers de la paix et de la justice, accordez-lui les dons précieux des vertus, la justice, la tempérance, la force, la prudence; la charité, la sobriété, la patience, la longanimité, une constance à toute épreuve, une foi sincère, une espérance ferme, une véritable dévotion, une humilité parfaite, l'esprit de discernement, la bienveillance, la modestie, l'esprit de conciliation, l'amour de la paix et de la concorde, la chasteté, l'abstinence, la vigilance, la discrétion, la droiture, la science, la piété, le conseil, et une fermeté qui ne se dément jamais dans l'accomplissement du bien. Seigneur Jésus-Christ, ôtez de son cœur et de son esprit tout ce qui incline au mal, tout ce qui éloigne de la vérité et de la vertu, tout ce qui fait obstacle au salut, tout ce qui est nuisible à l'âme, la superbe, la jactance, la vaine gloire, la hauteur et tout ce qui peut enfin le conduire à vous déplaire. Veuillez le couvrir de votre protection au dedans et au dehors; qu'il trouve aussi un abri sous votre main puissante, qu'il marche en toute sécurité à l'ombre de vos ailes, et qu'il voie la vérité à votre lumière. Montrez-lui le chemin qu'il doit suivre, mettez en son cœur le trésor de la sagesse et de la science d'où il puisse tirer, chaque jour, l'ancien et le nouveau. Accordez-lui de marcher constamment sur vos traces et de recueillir une sainte joie de l'exercice de son ministère, afin qu'après avoir accompli sa tâche pendant la courte durée de cette vie, il paraisse devant votre tribunal avec une riche moisson; et que vous puissiez lui accorder, à lui et à tous ceux qu'il vous présentera, la récompense éternelle que vous avez promis de donner, dans le ciel, aux dispensateurs fidèles de vos grâces, qui auront travaillé sur la terre pour la gloire de votre nom, vous qui vivez et régnez avec le Père et le Saint-Esprit, dans les siècles des siècles. Ainsi soit-il.

cretionem, rectitudinem, scientiam, pietatem, consilium; et in cunctis actibus bonis inviolatam perseverantiam. Aufer, Domine Jesu Christe, ab eo, quidquid pravum, et distortum est; quidquid saluti contrarium, quidquid animæ nocivum; superbiam, jactantiam, vanam gloriam, elationem, et quidquid ad ultimum tibi displicens esse potest. Circumda eum interius, et exterius tuæ protectionis auxilio; ut, te defensore, sit tutus; te protegente, securus; te docente, scius. Ostende ei viam, per quam ambulet; tribue ei thesaurum sapientiæ, ut sciat et habeat unde nova et vetera proferat. Fac eum in omnibus tua sequi vestigia, et de sua ministratione gaudium bonum adipisci; ut post hujus sæculi excursum, cum ante tribunal tuum venerit, cum multiplici fructu animarum, illud ei præmium largiaris cum omnibus, quos tibi præsentabit, quod fidelibus dispensatoribus tuis, pro tuo nomine laborantibus in terris, te promisisti daturum esse in cœlis. Qui cum Patre, et Spiritu sancto, vivis et regnas, Deus, in sæcula sæculorum. R. Amen.

Ensuite, le Pontife, coiffé de la mitre, s'assied, et remet la règle à l'Elu (qui la touche des deux mains), et il dit :

ACCIPE regulam a sanctis Patribus traditam ad regendum, custodiendumque gregem tibi a Deo creditum, quantum Deus ipse te confortaverit, et fragilitas humana permiserit. Accipe gregis Dominici paternam providentiam, et animarum procurationem, et per divinæ legis incedendo præcepta, sis ei dux ad cælestis hæreditatis pascua, adjuvante Domino nostro Jesu Christo, qui cum Patre et Spiritu sancto vivit, et regnat, Deus, in sæcula sæculorum. R. Amen.

RECEVEZ cette règle qui a été donnée par vos saints pères pour gouverner et guider le troupeau que Dieu vous confie, autant que le permettront la fragilité humaine et la force qui vous viendra de Dieu. Recevez le gouvernement paternel du troupeau du Seigneur, et le soin des âmes ; puissiez-vous, en suivant les préceptes de la loi divine, les conduire tous aux pâturages du céleste héritage, avec le secours de N.-S. J.-C., qui vit et règne avec son Père et l'Esprit saint, dans les siècles des siècles. R. Ainsi soit-il.

Ensuite le Pontife quitte sa mitre, se lève, et, debout, il bénit la crosse si elle ne l'a déjà été, en disant :

### OREMUS.

SUSTENTATOR imbecillitatis humanæ, Deus, bene † dic baculum istum, et quod in eo exterius designatur, interius in moribus hujus famuli tui, propitiationis tuæ clementiæ operetur. Per Christum Dominum nostrum. R. Amen.

### PRIONS.

O Dieu qui êtes l'appui de la faiblesse humaine, bé†nissez ce bâton pastoral, et, par votre miséricordieuse bonté, faites que ce qu'il signifie extérieurement s'accomplisse intérieurement dans les mœurs de votre serviteur. Par J.-C. N.-S. R. Ainsi soit-il.

Ensuite le Pontife jette de l'eau bénite sur la crosse, s'assied, reçoit la mitre, et remet la crosse à l'Abbé agenouillé devant lui, qui la saisit des deux mains ; puis le Pontife dit :

ACCIPE baculum pastoralis officii, quem præferas catervæ tibi commissæ ; ut sis in corrigendis vitiis pie sæ-

RECEVEZ ce bâton comme marque de l'office pastoral que vous allez remplir sur le troupeau confié à vos soins. Joignez à la sévérité qui corrige les vices la douceur, et, s'il faut punir, souvenez-vous aussi d'être miséricordieux.

Ensuite le Pontife quitte la mître, se lève et bénit l'anneau, s'il n'a pas été béni, en disant :

**PRIONS.**

SEIGNEUR, qui êtes le créateur et le conservateur du genre humain, dispensateur de la grâce spirituelle et du salut éternel, Seigneur, faites descendre votre béné†diction sur cet anneau, afin que celui qui marchera décoré de ce signe de la foi sainte et sacrée soit protégé et défendu par une force toute céleste pour arriver au salut éternel. Par J.-C. N.-S.

R. Ainsi soit-il.

viens; et cum iratus fueris, misericordiæ memor eris.

**OREMUS.**

CREATOR, et conservator humani generis, dator gratiæ spiritualis, largitor æternæ salutis; tu, Domine, emitte, benedi†ctionem tuam super hunc annulum, ut quicumque hoc sacrosanctæ fidei signo insignitus incesserit, in virtute cœlestis defensionis, ad æternam sibi proficiat salutem. Per Christum Dominum nostrum.

R. Amen.

Ensuite le Pontife jette de l'eau bénite sur l'anneau, s'assied, coiffé de la mître, et met l'anneau au doigt annulaire de la main droite de l'Abbé, en disant :

RECEVEZ cet anneau comme marque de la fidélité inviolable avec laquelle vous devez garder l'épouse de Dieu qui est la sainte Église.

ACCIPE annulum, fidei scilicet signaculum; quatenus sponsam Dei, sanctam videlicet Ecclesiam, intemerata fide ornatus, illibate custodias.

Alors le Pontife quitte la mître, se lève, et, debout, tourné vers l'Abbé agenouillé devant lui, il dit :

**PRIONS.**

SEIGNEUR tout-puissant, Dieu de toute bonté, nous vous supplions de jeter un œil favorable sur votre serviteur, afin qu'avec l'aide de votre grâce il puisse,

**OREMUS.**

TE, omnipotens et piissime Domine, deprecamur, hunc famulum tuum propitius intuere, gratia tua auxilante, in sua, subjectorumque conversatione præcepta sanctæ regulæ efficaciter studeat adimplere, ut una cum commisso sibi grege perpetua potiatur beatitudine. Per Christum Dominum nostrum.

pour son salut et pour le salut de tous ceux qui lui sont soumis, remplir efficacement les préceptes de la sainte règle, et jouir en paix, avec le troupeau confié à ses soins, du bonheur éternel. Par J.-C. N.-S. R. Ainsi soit-il.

Alors le Pontife donne à l'Abbé le baiser de paix. Les Abbés assistants font de même ; puis le Pontife se lève, monte sur son trône, et là il continue la Messe jusqu'à l'Offertoire inclusivement. L'Abbé revient à sa chapelle avec ses assistants, et continue aussi la Messe à son autel, jusqu'à l'Offertoire inclusivement.

**Sequentia S. Evangelii, secundum Lucam. C. 1.**

**Suite du saint Evangile, selon saint Luc.**

IN illo tempore, missus est angelus Gabriel a Deo in civitatem Galilææ, cui nomen Nazareth, ad Virginem desponsatam viro, cui nomen erat Joseph, de domo David ; et nomen Virginis, Maria. Et ingressus Angelus ad eam, dixit : Ave, gratia plena, Dominus tecum ; benedicta tu in mulieribus. Quæ cum audisset, turbata est in sermone ejus, et cogitabat qualis esset ista salutatio. Et ait Angelus ei : Ne timeas, Maria, invenisti enim gratiam apud Deum : ecce concipies in utero et paries filium et vocabis nomen ejus Jesum. Hic erit magnus et Filius Altissimi vocabitur et dabit illi Dominus Deus sedem David patris ejus ; et regnabit in domo Jacob in æternum, et regni ejus non erit finis. Dixit autem Maria ad Angelum : Quomodo fiet

EN ce temps-là, l'ange Gabriel fut envoyé de Dieu dans une ville de Galilée appelée Nazareth, à une Vierge qu'un homme de la maison de David, nommé Joseph, avait épousée. Et cette Vierge s'appelait Ma  L'Ange étant entré dans le li. où elle était, lui dit : Je vous salue, pleine de grâces ; le Seigneur est avec vous; vous êtes bénie entre toutes les femmes. Elle fut troublée en entendant ces paroles, et elle cherchait ce que signifiait cette salutation. L'Ange lui dit : Ne craignez point, Marie, car vous avez trouvé grâce devant Dieu ; vous allez concevoir dans votre sein, et vous mettrez au monde un fils à qui vous donnerez le nom de Jésus. Il sera grand ; on l'appellera le fils du Très-Haut ; le Seigneur Dieu lui donnera le trône de David, son père, il règnera éternellement sur la maison de Jacob, et son règne n'aura point de fin. Alors Marie dit à l'Ange : Comment cela se fera-t-il, car je ne connais point d'homme? L'Ange lui répondit : Le Saint-Esprit descendra en vous et la vertu du Très-Haut vous couvrira de son ombre ; c'est pourquoi le fruit saint qui naîtra de vous sera appelé le Fils de Dieu. Et voilà que votre cousine Elisabeth a elle-même conçu un fils dans sa vieillesse, et celle qu'on appelait stérile est maintenant dans son sixième mois, parce qu'il n'y a rien d'impossible à Dieu. Marie dit alors : Voici la servante du Seigneur, qu'il me soit fait selon votre parole.

istud, quoniam virum non cognosco? Et respondens Angelus dixit ei : Spiritus Sanctus superveniet in te, et virtus Altissimi obumbrabit tibi. Ideòque et quod nascetur ex te sanctum, vocabitur Filius Dei. Et ecce Elisabeth cognata tua, et ipsa concepit filium in senectute sua ; et hic mensis sextus est illi quæ vocatur sterilis ; quia non erit impossibile apud Deum omne Verbum. Dixit autem Maria : Ecce ancilla Domini, fiat mihi secundum verbum tuum.

CREDO in unum Deum, Patrem omnipotentem, factorem cœli et terræ, visibilium omnium et invisibilium : Et in unum Dominum Jesum Christum, Filium Dei unigenitum ; et ex Patre natum ante omnia sæcula ; Deum de Deo, lumen de lumine, Deum verum de Deo vero ; genitum, non factum, consubstantialem Patri ; per quem omnia facta sunt : qui propter nos homines, et propter nostram salutem descendit de cœlis ; et incarnatus est de Spiritu Sancto ex Maria Virgine : ET HOMO FACTUS EST ; crucifixus etiam pro nobis sub Pontio Pilato, passus et sepultus est ; et resurrexit tertia die secundum Scripturas ; et ascendit in cœlum, sedet ad dexteram Patris ; et iterum venturus est cum gloria judicare vivos et mortuos ; cujus regni non erit finis : Et in Spiritum Sanctum Dominum et vivificantem : qui ex Patre Filioque procedit ; qui cum Patre et Filio simul adoratur, et conglorificatur ; qui locutus est per Prophetas : Et unam sanctam catholicam et apostolicam Ecclesiam. Confiteor unum baptisma in remissionem peccatorum : et exspecto resurrectionem mortuorum, et vitam venturi sæculi.

Amen.

Dominus vobiscum. R. Et cum spiritu tuo.

OFFERTOIRE.

Ave, Maria, gratia plena, Dominus tecum, benedicta tu in mulieribus et benedictus fructus ventris tui, — Alleluia.

Après l'Offertoire, le Pontife, coiffé de la mitre, s'assied devant l'autel dans son fauteuil, et l'Abbé revient devant lui entre les deux Abbés assistants ; il s'agenouille devant le Pontife et lui offre les deux torches allumées, les deux pains et les deux barils remplis de vin, et il baise avec respect la main du Pontife au moment où celui-ci reçoit cette offrande (1). L'Abbé se lève ensuite; le Pontife lave ses mains, s'approche de l'autel, et continue la Messe. L'Abbé, de son côté, à genoux entre les deux Abbés assistants en face de son tabouret, lit, dans un Missel placé à sa portée, toute la Messe, à l'exception des paroles de la consécration, qu'il ne prononce pas.

Après l'*Orate, fratres*, le Pontife et l'Elu disent les secrètes suivantes :

### SECRETA.

IN mentibus nostris, quæsumus, Domine, veræ fidei sacramentum confirma : ut qui conceptum de Virgine Deum verum et hominem confitemur, per ejus salutiferæ resurrectionis potentiam, ad æternam mereamur pervenire lætitiam. Per eumdem Dominum nostrum J.-C.

MUNERA nostra, quæsumus, Domine, suscipe placatus; et hunc famulum tuum sem-

### SECRÈTE.

NOUS vous supplions, Seigneur, d'affermir nos esprits et nos cœurs dans la croyance des mystères de la foi, afin qu'après avoir confessé ici-bas qu'un Homme-Dieu a été conçu d'une Vierge, nous méritions, par la vertu de sa résurrection salutaire, de jouir un jour dans le ciel de l'éternelle félicité.

SEIGNEUR, recevez, nous vous en supplions, notre offrande ; daignez protéger toujours et par-

(1) Cette offrande du pain et du vin, qui rappelle celle d'Abraham, signifie que l'Elu succède, dans la charge du sacerdoce, à celui dont il a été dit : « Le » Seigneur l'a juré et il ne révoquera pas son serment, vous êtes le Prêtre » éternel selon l'ordre de Melchisédech. » La nature de cette offrande évoque aussi le souvenir de la pauvreté de la primitive Eglise, dont les principales et les seules richesses consistaient dans ces objets de première nécessité pour la vie.

Les torches allumées font allusion à ces paroles de N.-S. aux apôtres, représentés par leurs successeurs : « *Vos estis lux mundi.* » « Vous êtes la lumière du monde. »

tout votre serviteur. Par N.-S. J.-C. votre Fils qui vit et règne avec vous dans tous les siècles des siècles. R. Ainsi soit-il.

per, et ubique misericorditer protege. Per Dominum nostrum Jesum Christum Filium tuum, qui tecum vivit et regnat in unitate Spiritus sancti Deus, per omnia sæcula sæculorum. R. Amen.

L'Elu dit ainsi cette partie de la secrète :

SEIGNEUR, recevez, je vous en supplie, cette offrande ; daignez me protéger toujours et partout dans votre miséricorde, moi votre serviteur. Par N.-S, J.-C. votre Fils, qui vit et règne avec vous dans l'unité du Saint-Esprit, dans tous les siècles des siècles. R. Ainsi soit-il.

MUNERA, quæsumus, Domine, suscipe placatus ; et me famulum tuum semper, et ubique misericorditer protege. Per Dominum nostrum Jesum Christrum Filium tuum, qui tecum vivit et regnat in unitate Spiritus sancti Deus, per omnia sæcula sæculorum. R. Amen.

## PRÉFACE.

IL est véritablement digne et raisonnable, il est juste et salutaire de vous rendre grâces en tout temps et en tout lieu, Seigneur saint, Père tout puissant, Dieu éternel, de vous louer, de vous bénir et de vous glorifier en ce jour de l'Annonciation de la bienheureuse Marie, toujours vierge, qui, après avoir conçu votre Fils unique par l'opération du Saint-Esprit, mit au monde, en conservant sa virginité sans tache, la lumière éternelle, J.-C. notre Seigneur ; c'est par lui que les anges louent votre Majesté, que les dominations l'adorent, que les puissances la révèrent en tremblant et que les cieux, les vertus des cieux et les bienheureux séraphins célèbrent ensemble votre gloire avec des

VERE dignum et justum est æquum et salutare, nos tibi semper et ubique gratias agere, Domine sancte, Pater omnipotens, æterne Deus ; et te in Annunciatione beatæ Mariæ semper virginis, collaudare, benedicere et prædicare. Quæ et unigenitum tuum Sancti Spiritus obumbratione concepit, et virginitatis gloriæ permanente, lumen æternum mundo effudit Jesum Christum Dominum nostrum. Per quem majestatem tuam laudant angeli, adorant dominationes, tremunt potestates. Cœli cœlorumque virtutes ac beata Seraphim socia exultatione concelebrant. Cum quibus et nostras voces ut admitti jubeas deprecamur supplici confessione dicentes.

transports de joie. Nous vous prions de permettre que nous unissions nos voix à celles de ces esprits bienheureux, pour chanter avec eux humblement prosternés :

—

Sanctus, Sanctus, Sanctus Dominus Deus sabaoth. Pleni sunt cœli et terra gloria tua, hosanna in excelsis.

Benedictus qui venit in nomine Domini, hosanna in excelsis.

—

Et la messe se continue. Après l'*Agnus Dei* et l'oraison *Domine, Jesu Christe, qui,* etc., que disent le Pontife et l'Elu, celui-ci s'approche de l'autel, à la droite du Pontife, et l'un et l'autre baisent l'autel. Alors le Pontife donne la paix à l'Abbé en disant :

Pax tecum.

La paix soit avec vous.

Et l'Elu lui répond :

Et cum spiritu tuo.

Et avec votre esprit.

Puis il retourne près de son tabouret, et donne à son tour le baiser de paix à ses assistants, en commençant par le plus ancien, et en disant à chacun d'eux :

Pax tecum.

La paix soit avec vous.

Et les assistants lui répondent :

Et cum spiritu tuo.

Et avec votre esprit.

Ensuite le Pontife, après avoir communié sous les deux espèces, qu'il doit consommer en entier, et avant de se purifier, donne à l'Abbé agenouillé devant lui la communion du corps seulement de N.-S. Puis le Pontife reçoit la mitre, lave ses mains et continue la Messe jusqu'à la fin. De son côté, l'Abbé achève aussi la Messe.

COMMUNION.

Une vierge concevra et mettra au monde un fils qui sera appelé Emmanuel. Alleluia.

POST-COMMUNION.

*Prions.*

Daignez, Seigneur, répandre votre grâce dans nos âmes, afin qu'ayant connu par le ministère de l'Ange l'Incarnation de Jésus-Christ, votre Fils, nous puissions, par les mérites de sa passion et de sa croix, parvenir à la gloire de sa résurrection. Par le même N.-S. J.-C.

COMMUNIO.

Ecce virgo concipiet et pariet filium et vocabitur nomen ejus Emmanuel. Alleluia.

POST-COMMUNIO.

*Oremus.*

Gratiam tuam, quæsumus, Domine, mentibus nostris infunde, ut qui angelo nunciante, Christi filii tui incarnationem cognovimus, per passionem ejus et crucem ad resurrectionis gloriam perducamur. Per eumdem D. N. J.-C.

Le Pontife ajoute :

SEIGNEUR,, que cette communion daigne nous laver de nos péchés, et qu'elle fortifie votre serviteur dans une douce piété. Par N.-S. J.-C. votre Fils, qui vit et règne avec vous dans l'unité du Saint-Esprit, dans tous les siècles des siècles. R. Ainsi soit-il.

HÆC nos communio, Domine, purget a crimine ; et hunc famulum tuum benigna pietate conservet. Per Dominum nostrum Jesum Christum Filium tuum, qui tecum vivit et regnat in unitate Spiritus sancti Deus, per omnia sæcula sæculorum. R. Amen.

L'Abbé, de son côté, dit :

QUE cette communion, Seigneur, me lave de mes péchés, et qu'elle me fortifie, moi, votre serviteur, dans une douce piété. Par N.-S. J.-C., etc. Ainsi soit-il.

HÆC nos communio, Domine, purget a crimine ; et me famulum tuum benigna pietate conservet. Per Dominum, etc.

Après la Post-communion, le Pontife donne la bénédiction solennelle, après quoi on replace son fauteuil devant le milieu de l'autel, et le Pontife, coiffé de la mitre, s'y asseoit. Puis l'Abbé, la tête couverte, s'agenouille devant lui. Alors le Pontife, quittant la mitre, se lève et bénit, si elle ne l'a pas été auparavant, la mitre de l'Abbé en disant :

**OREMUS.**

DOMINE Deus, Pater omnipotens, cujus præclara bonitas est, et virtus immensa, a qua omne datum optimum, et omne donum perfectum, totiusque decoris ornamentum bene † dicere, et sanc † ti † ficare dignare hanc mitram hujus famuli tui Abbatis capiti imponendam. Per Christum Dominum nostrum. R. Amen.

**PRIONS.**

SEIGNEUR Dieu, Père tout-puissant, dont la bonté est insigne et dont le pouvoir est immense, source d'où découle toute bonté, toute perfection, toute magnificence, daignez bé † nir et sanc † tifier cette mitre qui doit être placée sur la tête de cet Abbé votre serviteur. Par J.-C. N.-S.
R. Ainsi soit-il.

Puis il l'asperge d'eau bénite, s'assied, coiffé de la mitre, et il place sur la tête de l'Abbé celle qu'il vient de bénir, en disant :

IMPONIMUS, Domine, capiti hujus famuli tui Abbatis galeam munitionis, et salutis; quatenus decorata facie, et armato capite cornibus utriusque Testamenti terribilis appareat adversariis veritatis ; et te ei largiente gratiam, impugnator eorum robustus existat ; qui Moysi famuli tui faciem ex tui sermonis consortio decoratam, lucidissimis tuæ claritatis, ac veritatis cornibus insignisti, et capiti Aaron Pontificis tui tiaram imponi jussisti. Per Christum Dominum nostrum. R. Amen.

SEIGNEUR, nous mettons sur la tête de cet Abbé votre serviteur ce casque de défense et de salut, afin que, par cet ornement de son visage, par cette armure de sa tête, qui représentent la double vertu qu'il doit tirer de l'un et de l'autre Testament, il paraisse redoutable aux ennemis de la vérité, et qu'il les terrasse par la force qu'il devra à l'abondance de vos grâces, vous qui avez fait briller sur le visage de Moïse votre serviteur, pendant un merveilleux entretien, les rayons étincelants de votre lumière et de votre vérité, vous qui avez ordonné de mettre la tiare sur la tête de votre Pontife Aaron. Par N.-S. J.-C.

Ensuite, si les gants n'ont pas été bénis, le Pontife se lève après avoir quitté la mitre, et les bénit en disant :

**OREMUS.**

OMNIPOTENS Creator, qui homini ad imaginem tuam

**PRIONS.**

TOUT-PUISSANT Créateur, ô vous qui avez donné à l'homme créé à votre image des mains douées d'un discernement assez parfait pour que l'intelligence pût s'en servir comme d'un instrument pour le bien, lui ordonnant de les conserver pures afin qu'elles obéissent dignement à l'âme et qu'elles puissent consacrer dignement vos saints mystères, daignez bé † nir et sanc † tifier ces vêtements des mains, afin que toutes les fois que l'un des sacrés Pontifes vos ministres voudra, avec humilité, en revêtir ses mains, votre miséricorde répande la pureté dans son cœur et dans ses actions. Par J.-C. N.-S. R. Ainsi soit-il.

condito, manus discretione insignitas, tanquam organum intelligentiæ ad recte operandum dedisti, quas servari mundas præcepisti ; ut in eis anima digne portaretur, et tua in eis digne consecrarentur mysteria ; bene † dicere, et sancti † ficare dignare manuum hæc tegumenta ; ut quicumque ministrorum tuorum sacrorum Pontificum, his velare manus suas cum humilitate voluerit, tam cordis, quam operis ei munditiam, tua misericordia subministret. Per Christum Dominum nostrum. — R. Amen.

Et le Pontife asperge les gants d'eau bénite ; puis, après avoir reçu la mitre, il s'assied, et met les gants aux mains de l'Abbé ; après lui avoir ôté son anneau pontifical, en disant :

ENTOUREZ, Seigneur, les mains de ce ministre de vos autels de l'innocence de l'homme nouveau qui est descendu du ciel, afin que, comme Jacob votre bien-aimé sut conquérir la bénédiction paternelle en couvrant de la peau des chevreaux les mains qui offraient à son père un mets et un breuvage agréables, de même celui-ci, en offrant par ses mains l'hostie du salut, puisse mériter d'obtenir vos grâces et vos bénédictions. Par N.-S. J.-C., votre Fils, lequel en revêtant la ressemblance de la chair de péché, a daigné s'offrir lui-même à vous pour la rémisssion de nos fautes. R. Ainsi soit-il.

CIRCUMDA, Domine, manus hujus ministri tui munditia novi hominis, qui de cœlo descendit, ut quemadmodum Jacob dilectus tuus, pelliculis hædorum opertis manibus, paternam benedictionem, oblato patri cibo, potuque gratissimo, impetravit, sic et iste, oblata per manus suas hostia salutari, gratiæ tuæ benedictionem impetrare mereatur. Per Dominum nostrum Jesum Christum Filium tuum, qui in similitudinem carnis peccati, tibi pro nobis obtulit semetipsum. R. Amen.

Et aussitôt le Pontife remet l'anneau au doigt de l'Abbé ; puis, la mitre en tête, et au son des cloches, il conduit au chœur l'Abbé coiffé lui-même de la mitre, et, le faisant asseoir sur le siége abbatial et lui remettant la crosse dans la main gauche, il lui dit :

Accipe plenam, et liberam potestatem regendi hoc monasterium, et congregationem ejus, et omnia quæ ad illius regimen interius et exterius, spiritualiter et temporaliter pertinere noscuntur.

Recevez le plein et entier pouvoir de gouverner ce monastère et tous les religieux qui l'habitent, et de régler tout ce qui s'y rapporte, tant à l'intérieur qu'à l'extérieur, et aux choses spirituelles et temporelles.

Ensuite le Pontife, ayant l'Abbé à sa gauche, revient à l'autel, quitte la mitre, et entonne le cantique suivant, que le chœur ou les clercs continuent, pendant que le Pontife, la tête nue, reste assis sur son trône jusqu'à la fin.

Te Deum laudamus ; te Dominum confitemur.

Après ce premier verset. l'Abbé se lève et fait le tour de l'église ayant à ses côtés les deux Abbés assistants, tous coiffés de la mitre, et il bénit le peuple ; puis, retournant à son siége sur lequel il s'assied, il admet au baisement de la main et au baiser fraternel tous les moines, après que ceux-ci lui ont fait un salut respectueux.

Te æternum Patrem omnis terra veneratur.

Tibi omnes Angeli, tibi Cœli, et universæ Potestates.

Tibi Cherubim et Seraphim incessabili voce proclamant :

Sanctus, Sanctus, Sanctus, Dominus Deus sabaoth.

Pleni sunt cœli et terra majestatis gloriæ tuæ.

Te gloriosus apostolorum chorus.

Te Prophetarum laudabilis numerus.

Te Martyrum candidatus laudat exercitus.

Te per orbem terrarum sancta confitetur Ecclesia.

Patrem immensæ majestatis.

Venerandum tuum verum et unicum Filium ;

Sanctum quoque Paraclitum Spiritum.

Tu Rex gloriæ, Christe.

Tu Patris sempiternus es Filius.

Tu ad liberandum suscepturus hominem, non horruisti Virginis uterum.

Tu, devicto mortis aculeo, aperuisti credentibus regna cœlorum.

Tu ad dexteram Dei sedes in gloria Patris.

Judex crederis esse venturus.

Te ergo quæsumus, tuis famulis subveni, quos pretioso sanguine redemisti.

Æterna fac cum Sanctis tuis in glòria numerari.

Salvum fac populum tuum. Domine, et benedic hæreditati tuæ.

Et rege eos, et extolle illos usque in æternum.

Per singulos dies benedicimus te :

Et laudamus nomen tuum in sæculum, et in sæculum sæculi.

Dignare, Domine, die isto sine peccato nos custodire.

Miserere nostri, Domine, miserere nostri.

Fiat misericordia tua, Domine, super nos, quemadmodum speravimus in te.

In te, Domine, speravi, non confundar in æternum.

Le cantique achevé, le Pontife, sans mitre, ayant à sa gauche l'Abbé coiffé de la mitre, et assis, prononce sur lui les prières suivantes :

V. Confirmez, Seigneur, ce que vous avez opéré en nous.

R. Par votre temple saint, qui est à Jérusalem.

V. Seigneur, sauvez votre serviteur.

R. Lequel, mon Dieu, espère en vous.

V. Soyez pour lui, Seigneur, comme une tour, pour protéger son courage.

R. En face de l'ennemi.

V. Que l'ennemi ne puisse rien gagner sur lui.

R. Et que le fils d'iniquité ne puisse lui nuire.

V. Seigneur, exaucez ma prière. V. Confirma hoc, Deus, quod operatus es in nobis.

R. A templo sancto tuo, quod est in Jerusalem.

V. Salvum fac servum tuum, Domine.

R. Deus meus sperantem in te.

V. Esto ei, Domine, turris fortitudinis.

R. A facie inimici.

V. Nihil proficiat inimicus in eo.

R. Et filius iniquitatis non apponat nocere ei.

V. Domine, exaudi orationem meam.

R. Et clamor meus ad te veniat.

V. Dominus vobiscum.

R. Et cum spiritu tuo.

R. Et que mon cri monte jusqu'à vous.

V. Le Seigneur soit avec vous.

R. Et avec votre esprit.

#### OREMUS.

EXAUDI, Domine, preces nostras, et super hunc famulum tuum spiritum tuæ bene † dictionis emitte ; ut cœlesti munere diatus, et tuæ majestatis gratiam possit acquirere, et bene vivendi aliis exemplum præbere. Per Dominum nostrum Jesum Christum Filium tuum, qui tecum vivit et regnat in unitate ejusdem Spiritu sancti Deus, per omnia sæcula sæculorum. R. Amen.

#### PRIONS.

SEIGNEUR, exaucez nos prières, et faites descendre sur votre serviteur le souffle de votre béné † diction, afin qu'enrichi de vos dons célestes, il puisse obtenir les grâces de Votre Majesté et donner aux autres l'exemple d'une vie parfaite. Par N.-S. J.-C. votre Fils, lequel vit et règne dans l'unité du Saint-Esprit, dans tous les siècles des siècles.

R. Ainsi soit-il.

Après cette prière, le Pontife reçoit la mitre, se place à l'autel du côté de l'Evangile, ayant près de lui les Abbés assistants coiffés de leurs mitres ; puis l'Abbé se lève la mitre en tête, et, placé au milieu de l'autel, il donne au peuple la bénédiction solennelle, en disant :

V. Sit nomen Domini benedictum.

R. Ex hoc nunc et usque in sæculum.

V. Adjutorium nostrum in nomine Domini.

R. Qui fecit cœlum et terram.

V. Benedicat vos omnipotens Deus, Pater, et Filius, et Spiritus sanctus. R. Amen.

V. Que le nom du Seigneur soit béni.

R. Qu'il le soit à présent et dans tous les siècles.

V. Notre secours est dans le nom du Seigneur.

R. Qui a fait le ciel et la terre.

V. Que le Dieu tout-puissant vous bénisse, Dieu Père, et Fils, et Saint-Esprit. R. Ainsi soit-il.

Après la bénédiction, l'Abbé, portant la mitre et la crosse, se dirige vers le côté de l'Epître, se tourne vers le Pontife, se met à genoux, et lui dit en chantant :

#### AD MULTOS ANNOS.

#### LONGUES ANNÉES.

Alors l'Abbé se lève, et le Pontife lui donne le baiser de paix. Les Abbés assistants font de même, et reconduisent à la chapelle l'Abbé marchant au milieu d'eux avec la crosse et la mitre, et disant l'Evangile de saint Jean : *In principio erat Verbum.*

Le Pontife, de son côté, après avoir donné à l'Abbé le baiser de paix, comme il a été expliqué ci-dessus, dit à voix basse le dernier évangile.

Le Pontife fait un signe de croix sur l'autel et sur lui-même, dépose les ornement sur son siége, et, le nouvel Abbé, suivant l'usage, rend grâces au Pontife et aux deux Abbés assistants, et tous se retirent en paix.

FIN.

VALENCE, JULES CÉAS ET FILS, IMPRIMEURS-LIBRAIRES.